Anonymous

Abecedar German

Anonymous

Abecedar German

ISBN/EAN: 9783744620741

Hergestellt in Europa, USA, Kanada, Australien, Japan

Cover: Foto ©ninafisch / pixelio.de

Weitere Bücher finden Sie auf **www.hansebooks.com**

Abecedar german

пентрꙋ

СКОАЛЕЛЕ ЕЛЕМЕНТАРЕ

ꙟn

monархіа аꙋстріака.

Констъ легатꙋ ꙟn хартіе 7 кр. noi.

Biena.

ꙟn editꙋpa ч. р. de кърцї сколастіче.

1864.

Ꙟн скоалеле пꙋбліче сѫнт de а се ꙟнтребꙋінца нꙋмаї кърціле челе че сѫнт прескрісе ші ꙟсемнате кꙋ стампа edіцiꙋнії кърцілор сколастіче. Лꙋѫнd афаръ специалеле ꙟмпꙋтернічірї date de Міністерїꙋл кꙋлтꙋлꙋї ші ал ꙟнвъцътꙋрії, нічї съ нꙋ се вѫнdъ кърціле ачесте кꙋ ꙋн преціꙋ маї ꙟналт de кѫт е ачела, каре е пꙋс пе пацiна тітꙋлеї.

1.

Абецеȣл џерман.

a, ä, b, c, ch, d, e, f,
A, Ae, B, C, Ch, D, E, F,

g, h, i, j, k, l, m, n, o,
G, H, I, K, L, M, N, O,

ö, p, qu, r, ſ, s, (ß), ſch,
Oe, P, Qu, R, S, Sch,

t, u, ü, v, w, x, y, z.
T, U, Ue, V, W, X, Y, Z.

---

*) Ꙟвъцъторіȣл съ айбъ делок айчеа грижъ, ка съ ꙟвеце прȣнчії дреапта пронȣнціаре, саȣ респȣндере саȣ респікаре а літерілор, сінгȣратіче, кȣ деосъбіре къ ch нȣ е *кх*, къ qu (квȣ) = *кв*, ſch = *ш*, къ v нȣ е *ваȣ* чі *фе*.

Тетъ. Кътаці ші скрієці ачесте літере. 1. каре аў асетъпаре кѣ челе ротѫпештії, 2. каре п'аў асетъпаре кѣ челе ротѫпешті.

2.

Ѹртътоареле літере се респѣпdѣ асетепеа ка ші але поастре:

a, b, d, e, f, g, h, i, k, l,
A, B, D, E, F, G, H, J, K, L,
m, n, o, p, r, ſ, t, u, ſch.
M, N, O, P, R, S, T, U, Sch.

Тетъ. Скрієці ачесте літере dѣпъ форта лор, апоі dѣпъ кѣт се респѣпdѣ, п. е. **еф, ха.**

3.

Сѣпътоареле: **a, e, i, o, u,** се респѣпdѣ скѣрт пaiнте de doe асетепе кѣпсѣпапте.

Amme doiкъ, Affe momiцъ, Blatt фое. Damm dѫлтъ, Egge грапъ, Henne гъiпъ. Herr domn, Mann бърбат, Lamm mieл. Pfarre пароxie. Rettich pidiкe, Sonne coape, Treppe треантъ. Wolle лѫнъ, hell лȣminoс. matt лъп-цed. остеniт, glatt neтed.

Темъ. Алецецї din вокабȣлар кȣвin-теле de doe сілаве, п. е. Am-me.

4.

Вокалеле **a, e, i, o, u, y** ꙟnainте de doe кȣнсȣнанте неасеменеа іаръшї се респȣndȣ̆ скȣрт.

Amt dipегъторіе. офічіȣ. Berg deaл. мȣнте. Dorf сат. Feld къмп. Gips гіпс. іпсȣ. Hemd къмашъ. Jagd вънътоаре. Licht лȣмі-нъ, лȣмінъре. Milch лапте. Nacht ноапте. Ort лок. Pferd кал. Raps ріпс. Sand нъсіп. Topf оалъ. Wurm верме.

Темъ. Съ кънтъм ачесте. кȣвінте ші ꙟndъръпт ꙟн вокабȣлар dȣпъ ABC.

5.

Сънътоареле **a, e, i, o, u** кȣ о кȣнсȣ-нантъ наінтеа лор се респȣndȣ̆ лȣнг, п. е. Tag, Gras, Rebe, Name, klar, Ahorn.

o, се ꙟntinde ка кѫnd ар фі de doe орї скріс. п. е. Brot, Hof, grob.

u, ꙟнкъ се ꙟntinde ка кѫnd ар фі ꙟн-doiт. п. е. Hut, Jude, Blume.

I. Темъ. Кꙋм аці скріе ачесте кꙋвінте кꙋ літеріле ноастре dꙋпъ пронꙋнціе сеаꙋ респꙋнde? п. е. Таг, клар, Ребе, гроб.

Ꙟсемнаре. Се пронꙋнціе скꙋрт Bach, Loch, ші тот кꙋвжнтꙋл, каре се сфършесче ꙟн ch. Артікꙋлꙋл der, das се респꙋнde dꙋпъ обічеіꙋ скꙋрт.

II. Темъ. Скріеці кꙋвінтеле џермане, кътаці dін вокабꙋлар, каре че ꙟсемнеазъ, ші семніфікаціа ачеаста скріец'о лꙟнгъ dꙟнселе: ші ле ціпеці біне амінте.

6.

aa, oo, ee, ie

а. о, е, і (ꙟнтінс).

Der Aal, das Haar, die Haare, die Saat, das Beet, die Beete, das Meer, die Beere, der See, das Moor, das Moos, das Bier, die Biene, die Fliege, das Papier, tief, niedrig.

Темъ. Кътаці dін вокабꙋлар че ꙟсемнеазъ ачесте кꙋвінте џермане, ші ꙟнсемнътатеа сеаꙋ семніфікаціа кътатъ скріеці о лꙟнгъ еле.

7.

ah, oh, uh, eh, ih, ieh

а, о, ꙋ, е, і, і (ꙟнтінс).

Die Ahle, die Dohle, die Bohne, der Hahn, das Huhn, das Reh, das Ohr, die Uhr, der

Lehm, roth, was macht ihr? Der Fuhrmann lieh ihm Geld.

I. Темъ. Деспърціці челе треї кꙋвінте d'ꙟнтъї dꙋпъ сілаве.

II. Темъ. Скрієці тоате ачесте кꙋвінте dꙋпъ пронꙋнціє кꙋ літеріле поастре, п. е. dер Лет, di Ꙋр.

8.

ai, ei, eih, au, auh
аї. аї, аї. аꙋ, аꙋ (ꙟнтінс).

Im Mai, der Mais, das Getränk, der Wein, der Leim, das Eis, das Beil, der Greis, der Geier, die Eiche, die Weide, die Taube, rauh, rein, breit, weit, leicht, der Weihrauch.

Темъ. Кътаці din вокабꙋлар че ꙟнсемнеазе ачесте кꙋвінте. ші скрієці ꙟнсемнътатеа лор ромꙟнеште лꙟнгъ еле.

9.

S, ſ се скріе ла ꙟнчепꙋтꙋл кꙋвінтелор naintea сънътоарелор;

ſſ, ß ла тіжлокꙋл кꙋвінтелор;

s, ß, ſs ла сфършітꙋл кꙋвінтелор ші се ръспꙋнde ка ші **С.**

Der Same, der Fluſs, der Fleiß, das Faſs, die Nuſs, die Floſſe, das Roſs, die Roſſe, der Hals, groß, heiß, weiß, fleißig, naſs, Gans, Suppe.

Ѧпсемнаре. О літеръ сѫпътоаре наінте de ß се респѫнde лѫнг, наінте ꙟнсъ de ſſ ші ſs се ръспѫнde скѫрт.

Темъ. Скріецї ачесте кѫвінте маї ꙟнтъїѣ кѫ літере џермане, апоі кѫ але ноастре dѫпъ пропѫнціе, п. е. Саме.

10.

ſ ꙟн міжлокѫл кѫвінтелор наінтеа сѫпътоарелор се ръспѫнde ка **z**.

Der Haſe, die Hirſe, die Roſe, die Naſe, die Senſe, die Linſe, die Wieſe, die Meiſe, афаръ de Erbſe, Krebſe, чітеште Ербсе, Кребсе.

I. Темъ. Скріецї ачесте кѫвінте маї ꙟнтъїѣ кѫ літере џермане, апоі dѫпъ пропѫнціе ші кѫ челе ромѫнешті, п. е. dер Xaze.

II. Темъ. Скріецї лѫнгъ кѫвінтеле џермане, din вокабѫлар семнiфікаціа лор ромѫнеаскъ.

11.

Sch, ſch ка ші Ш.

Der Schuh, der Schmied, der Schwamm, der Tiſch, der Schnee, der Hirſch, die Schwalbe, die

Schlange, das Schwein, das Fleisch, das Schloss, der Fisch, frisch, schwer, schmal, schwach, schnell.

I. Темъ. Скріеці кȣвінтеле ачесте маї наінте кȣ літере џермане, апоі dȣпъ пронȣнціе кȣ челе ромѫнешті.

II. Темъ. Кѫȣтаці din вокабȣлар семніфікаціа кȣвінтелор џермане.

Асеменеа аȣ de а се кȣпрinde сеаȣ ексерціта копії ші ꙟп параграфії ȣрмѫторї.

12.

ſt ла міжлокȣл ші сфѫршітȣл кȣвінтелор се респȣnde ка **СТ.**

Der Ast, der Frost, Most, Durst, das Obst, die Gerste, fest, garstig, dienstfertig.

13.

St, ſt ла ꙟнчепȣтȣл кȣвінтелор се рѫспȣnde ка **ШТ** сеаȣ **Щ.**

Der Storch, der Stamm, der Stern, der Strumpf, die Stadt, die Stiege, die Stube, der Stuhl, stark, stumm, er steht still, der Stiel.

Аша ші ꙟп кȣвінте компȣсе, прекȣм Blei-stift, Bett-statt.

14.

Sp, ſp ꙟп міжлокȣл кȣвінтелор се рѫспȣnde ка **СП.**

Die Espe, rede laut und lisple nicht!

Sp, sp, ꙟnaintea кꙋвінтелор се ръспꙋnde ка **ШП.**

Sprich! der Sperling, der Specht, der Sporn, die Spinne, das Spiel, spring! sprang, sprangst.

15.

Th, th naintea сꙋпътоарелор ка векіеа поастра літеръ **Ѳ.**

Th, th naintea кꙋпсꙋпантелор ші ла сфършіт се ръспꙋnde ка **Т.**

Das Thal, das Thor, das Thier, der Thurm, der Thee, der Thron, der Fischthran, Noth, roth.

16.

K, k ла ꙟчепꙋтꙋл кꙋвінтелор ші наінте de сꙋпътоаре се ръспꙋnde ка ші **КХ.**

Das Kind, das Kalb, das Korn, der Kelch, Kern, die Kirche, die Kirsche, kalt, kahl, karg.

17.

K, k наінте de кꙋпсꙋпанте ші ла сфършітꙋл кꙋвінтелор се ръспꙋnde ка **К.**

Der Knabe, der Klee, die Krone, das Kleid, die Kreide, der Knecht, der Fink, klein, die Bank.

ks, че стъ ла сфършітвл квінтелор се ръспвнde ка **Ke.**

Die Birke, die Nelke, die Wolke.

18.

ck ка ші **К** ацер.

Die Backe (Bakke), die Ecke, eckig, die Decke, die Hacke, die Schnecke, dick, der Bock, der Rock, die Glocke, ich backe, wer backet? Was schmeckt, ist schmackhaft.

19.

X, x, chs, gs ка ші **КС** сеаў **ξ** чел векіў.

Die Achst, die Achse, das Wachs, der Ochs, der Fuchs, der Dachs, der Luchs, der Lachs, der Flachs, ein Sachse, ich wachse, biegsam, langsam, ein Fixstern, ich bin fix und fertig.

Афаръ de wachsam, чітеште: вах-zam.

20.

Z, z, tz ка ші **Ц.**

Der Zahn, der Arzt, der Blitz, der Weizen, die Zange, die Ziege, die Zwetschke, der Zweig, das Holz, das Salz, der Kranz, die Spitze, spitzig,

Темъ. Ші аічї ші ꙟнтр'алт лок ва фі de фолос а скріе кȣвінтеле цермане dȣпъ пронȣнціе кȣ літеріле ромѫнешті, апоі а ле ꙟмпърці ꙟн сілаве, а кѣȣта din вокабȣлар, каре че ꙟнсемнеазъ, ші а скріе семніфікаціа лор лѫнгъ кȣвінтеле цермане.

21.

𝔙, 𝔳 ꙟн кȣвінте стръіне ка ші В.

Ein Vers, eine Vase, eine Violine, eine Altoviola, ein Violon (eine Baßgeige), Vitriol, der heilige Valentin, Viktor, der Vampir sieht aus wie eine Fledermaus.

Темъ. Деспърціці кȣвінтеле dȣпъ сілаве.

22.

𝔙, 𝔳 ꙟн кȣвінтеле цермане ка Ф.

Das Volk, ein volles Glas, ein Veilchen, das Vieh, eins, zwei, drei, vier! wie viel?

Темъ. Скріеці лѫнгъ тоате кȣвінтеле цермане семніфікацііле ромѫнешті.

23.

𝔔𝔲, 𝔮𝔲 ка ші КВ.

Der Frosch quaket, die Quelle fließt, ein

heißt Qualm, der Quarz ist spröde, ein Quadratstein ist fest.

24.

Ae, ä.

Die Bank, die Bänke, die Änte, die Säge, der Schrank, die Schränke, der Stock, die Stöcke, der Häring, der Käse, die Wage, wäge! der Käfich, eine Gräte, grau, gräulich, die Lärche (der Lärchenbaum), die Gänse, die Uhr schlägt.

25.

Oe, ö.

Der Wolf, die Wölfe, der Frosch, die Frösche, der Koch, die Köche, das Loch, löcherig, das Öl, der Löwe, die Kröte, schön, roth, die Röthe, sei nicht böse, sprödes Glas, der Rock, die Röcke, die Böcke, Töpfe.

26.

Ue, ü.

Der Krug, die Krüge, der Pflug, die Pflüge, der Hut, die Hüte, der Strumpf, die Strümpfe, die Thüre, die Küche, die Rübe, Gemüse, die Brücke, die Hütte, der Kürschner, gut, gütig, grün, trübe, dünn, dürr, flüssig, süß, jung, Jüngling.

Бъгацї de ceamъ, кȣm ce скimбъ a ꙟn ä, o ꙟn ö, u ꙟn ü.

27.

Aeh, äh, Oeh, öh, üh.

Eine Ähre, eine Fahne, der Fähnrich, der Sohn, die Söhne, der Lohn, die Löhnung, eine Krähe, der Frühling, früh, führe ihn! die Blume, blüht, der Hahn, die Hähne. Wer kräht? das Huhn? das Hühnchen, der Stuhl, die Stühle, die Kuh, die Kühe, die Föhre, die Möhre.

28.

Aeu, äu.

Der Baum, die Bäume, der Strauch, die Sträuche, die Maus, die Mäuse, das Mäuschen, die Haut, die Häute, sauer, die Säure, faul, die Fäule, lies laut! die Glocke läutet, ich laufe, er läuft, die Haube, das Häubchen, das Haus, das Häuschen, der Bauer, die Bäuerin.

29.

Eu, eu.

Das Kreuz, das Feuer, das Heu, die Spreu, der Freund, die Freunde, die Scheune, die Eule, die Leute, heute, neu, neun, euer, eure.

30.

Ph, ph ка ші **Ф.**

Philipp, Joseph, Stephan, Pharao, Pharisäer.

31.

C, c ка ші **Ц.**

Ꙟнсъ нꙋмаї наінтеа лꙋї i, e, y, ä, ö.

Die Ceder, die Cypresse, Recept zur Medizin, der heilige Cyrill, Cölestin, Celsus, Cäsar, Cyprian, Cyrus, die heilige Cäcilia.

32.

c наінтеа сꙋнътоарелор a, o, u ші наінтеа тꙋтꙋрор кꙋнсꙋнантелор ка ші К.

Cassa, Capital, Cocosnuss, Clarinette, Rector, Secretär, der heilige Clemens, Crescentius, Cletus.

33.

Ch, ка ші **КХ.**

Ꙟн ꙋрмътоареле кꙋвінте:

Das Chor, der Chorknabe, die Cholera ist eine böse Krankheit.

Ch, ка **К.**

Ꙟн ꙋрмътоареле кꙋвінте:

Jesus Christus, ein Christ, der heilige Christophorus.

34.

er ꙟн сілабе ла сфършітȣл кȣвꙟнтȣлȣї, dакъ naintea лȣї есте о кънсȣnантъ. літера **е** ка кꙟnd с'ар ꙟнгіці, аdекъ dабеа съ іа ꙟн сеамъ, токмаї аша ка кꙟnd ар фі скрісъ кȣ **ъ** ал нострȣ.

Der Weber, des Webers, den Webern, der Bruder, des Bruders, den Brüdern, der Pfeffer, des Pfeffers, du pfefferst, der Bürger, des Bürgers, den Bürgern, wer wiehert? du wieherst, sie wiehern, wer wuchert? du wucherst, sie wuchern, der Bäcker, des Bäckers, den Bäckern, der Hammer, des Hammers, mit den Hammern.

Темъ. Къȣтаці семnіфікацііле кȣвінтелор ꙟн вокабȣлар, ші ле скріеці лꙟнгъ челе џерmane

35.

Der Donner, des Donners, es donnert, du klapperst, sie klappern mit der Klapper, das Messer, des Messers, mit den Messern, der Fleischer, des Fleischers, mit den Fleischern, das Fenster, des Fensters, in den Fenstern, der Kater, des Katers, mit den Katern, der Kreuzer, des Kreuzers, den Kreuzern, der Leser, des Lesers, den Lesern, der Witwer, des Witwers, den Witwern.

Теmъ. Скріецї ачесте кȣвінте, шї къȣтацї ꙟн вокабȣлар че ꙟнсеmнеазъ: der Kater, die Klapper шї klappern.

36.

el ꙟн сілабе ла сфършітȣл кȣвінтелор шї deакъ есте о кȣнсȣнантъ naintea лȣї, се ꙟнгіте, аdекъ нȣ сȣнъ, іаръшї кam аша ка кѫnd ар фі скріс кȣ Ъ ал нострȣ.

Die Gabel, mit den Gabeln, in den Nadeln, der Griffel, des Griffels, mit den Griffeln, der Spiegel, des Spiegels, in den Spiegeln, die Sichel, Sicheln, dunkel, es dunkelt, der Himmel, des Himmels, wimmeln, wimmelt, die Pappel, der Pappel, auf den Pappeln, der Sessel, des Sessels, auf den Sesseln, der Mantel, des Mantels, mit den Mänteln, ich wechsle, du wechselst, er wechselt, wechseln.

Теmъ. Скріецї кȣвінтеле ачесте dȣпъ пронȣнціе кȣ літере роmѫнештї. п. е. Габл, Спігл, Хіmmл, сеаȣ maї біне Габъл, Спігъл, Хіmmъл.

37.

en ꙟн сілабе шї ла сфършітȣл кȣвінтелор deакъ есте naintea лȣї кȣнсȣнантъ, літера **е** съ ѫпгіте, аdекъ іаръші се проп҄нціе н҄маї ка **Ѣ** ал построу.

Schreiben, der Boden, der Ofen, der Wagen, der Rechen, der Funken, malen, die Lippen, die Waren, das Eisen, der Garten, Kasten, die Flaschen, läuten, die Löwen, der Weizen, die Katzen kratzen.

I. Темъ. Кънтаці ѫп вокаквлар че ѫпсемпеазъ der Boden, der Rechen, die Waren, ші läuten.

II. Темъ. Скріеці ачесте квінте dвпъ пронвнціе кв літере ротжнешті. п. е. Офп. Рехп. малп сеаў маї біне Офъп. Рехъп. малъп.

38.

Пъртічелеле врмътоаре каре се пвп наінтеа квінтелор (префіксе) ab-, aus-, auf-, an-, bei-, ein-, dar-, hin-, her-, um-, un-, vor-, zu-, се респвпdў ка кжнd ар фі акчентвате. аdекъ, ѫптопареа каdе маї мълт пре еле. dекжт пре челелалте сілаве.

Ankunft, angenehm, hinfahren, herfahren, unweit, ungehorsam, unrein, verbieten, zunehmen, Zukunft, abwarten, ausgeben, aufnehmen, anführen, Eingabe, darthun, umschreiben, umkehren, beilegen.

Ансемтнаре. Ансъ префікселе hin-, her- ші vor-daкъ dупъ еле урmеазъ о літеръ сунътоаре, се респундъ скурт, adекъ фъръ акчепт, п. е. herunter, herüber, hinunter, voran, vorüber.

Темъ. Скріеці maї сус аръттателе кувіnте dупъ пропунціа лор ку літере ромжнешті. п. е. Цукунфт.

39.

Префікселе урmътоаре be-, da-, er-, emp-, ent-, ge-, ver-, се респундъ фъръ акчепт adекъ скурт.

Der Beamte, bereit, bestaubt, dabei, dazu, daselbst, erzählen, ermahnen, empor, Empfindung, entlaufen, gesund, Gesicht, Gebet, verloren, verwirren.

Темъ. Desфачеці кувіnтеле жn сілаве.

40.

Ла кувіnтеле урmътоаре каdе акчентул пре а doa сіль.

Anis, Fasan, Glasur, Granat, Husar, Natur, Planet, Salat, Tirol, Figur, Citrone, Dukaten, Minute, Kastanie.

Темъ. Скріеці кувіnтеле dупъ пронунціе ку літере ромжнешті, п. е. Планет. Цітроне. Dукатън.

41.

Agram, Erlau, Innsbruck, Olmütz, Udine, Ä, Ödenburg, Ü, Mantua, Neustadt, Kronstadt, Raab, Wieselburg, Presburg, Lemberg, Linz, Szegedin, Brünn, Fünfkirchen, Prag, Komorn, Wien, Roveredo, Pest, Neuhäusel, Venedig, Leutschau, Graz, Großwardein, Troppau, Triest, Kaschau, Debreczin, Totis, Salzburg, Feldkirch, Ofen,

Hermannstadt, Josefstadt, Neusatz, Cilli, Krakau, Klausenburg, Schemnitz, Tyrnau, Zara, Kremnitz, Semlin, Gran, Karpfen, Steinamanger, Weizen, Stuhlweißenburg, Q, X, Y.

Temъ. Ѫнвъцъторiѹл съ кавте ачеле чiтъцi din вокабѹлар. каре аѹ нѹме ромѫнеск, п. е. Opadia mape.

42.

Ѫнделетнічірї (ексерчіцїї) пентрȣ мінте ші лімбъ.

---

1. Das Buch, die Tafel, das Papier, die Tinte, die Feder, der Griffel, der Bleistift, die Kreide, das Richtscheit (Lineal).

2. Der Tisch, der Sessel, der Stuhl, die Bank, der Schämel, der Kasten, der Spiegel, die Bettstatt.

3. Die Wand, die Decke, der Boden, die Schwelle, das Gesimse, der Ofen, das Fenster, die Thür.

4. Die Stube (das Zimmer), die Kammer, die Küche, der Keller, die Treppe (die Stiege), der Gang, der Boden, das Dach, der Rauchfang (der Schornstein).

5. Das Messer, die Schere, die Nadel, die Säge, das Beil, der Hammer, der Hobel, die Hacke, der Bohrer, die Schaufel, die Zange.

6. Der Rock, die Hosen (das Beinkleid), die Weste, der Hut, die Haube, die Kappe, das Halstuch,

die Halsbinde, das Hemd, das Kleid, die Schürze, der Mantel, der Schuh, der Stiefel, der Strumpf, der Handschuh.

7. Brot, Suppe, Fleisch, Gemüse, Butter, Käs, Obst, Kuchen, Erdäpfel.

8. Wasser, Milch, Thee, Bier, Most, Wein, Kaffee.

9. Schüsseln, Teller, Flaschen, Gläser, Töpfe, Krüge, Kannen, Messer, Gabeln, Löffel, Schalen.

10. Ein Kind, ein Knabe, ein Mädchen, ein Jüngling, eine Jungfrau, ein Mann, ein Weib, ein Greis, ein Mütterchen, ein Herr, eine Frau.

11. Der Vater, die Mutter, der Sohn, die Tochter, der Großvater, die Großmutter, der Enkel, die Enkelin, der Bruder, die Schwester.

12. Der Bauer, der Priester, der Lehrer, der Arzt, der Richter, der Kaufmann, der Krieger (Soldat), der Handwerksmann, der Fuhrmann, der Schiffmann, der Hirt, der Taglöhner, der Knecht.

13. Der Hund, die Katze, die Kuh, der Ochs, das Pferd, der Esel, das Schaf, die Ziege, das Schwein, der Hahn, die Henne, das Huhn, die Gans, die Änte, die Taube, der Truthahn, der Pfau.

14. Der Baum, der Strauch, das Getraide, das Gras, der Schwamm, das Moos, die Flechte, der Schimmel.

15. Stein, Holz, Silber, Gold, Eisen, Thonerde, Wolle, Flachs, Hanf, Seide.

16. Der Müller, der Bäcker, der Fleischer, der Schuster, der Schneider, der Maurer, der Zimmermann, der Tischler (Schreiner), der Schmied, der Schlosser, der Glaser, der Töpfer (Hafner), der Wagner, der Sattler, der Weber, der Färber, der Fassbinder (Küfer), der Steinmetz.

17. Der Hirsch, das Reh, der Hase, das Eichorn, der Igel, die Maus, der Dachs, der Elefant, der Affe.

18. Die Eiche, die Linde, die Buche, der Ahorn, die Birke, die Pappel, die Weide, die Erle, der Kastanienbaum, die Fichte, die Föhre (Kiefer), die Tanne, die Lärche, der Apfelbaum, der Birnbaum, der Nussbaum, der Pflaumenbaum, der Kirschbaum.

19. Der Marder, der Iltis, der Fuchs, der Wolf, der Bär, der Luchs, der Löwe, der Tieger.

20. Der Salat, der Kohl, der Blumenkohl, die Kohlrübe, die Bohne, der Rettich, die Gurke,

die Erbse, die Linse, die Möhre die Zwiebel, der Schnittlauch.

21. Das Haus, die Kirche, das Schloss, die Scheune, das Dorf, der Marktflecken, die Stadt.

22. Der Sperling (Spatz), der Fink, die Lerche, die Schwalbe, die Meise, die Amsel, der Rabe, der Geier, der Adler, die Eule.

23. Der Weizen, das Korn (der Roggen), die Gerste, der Hafer, der Mais (Wälschkorn, Kukuruz), der Buchweizen (Heiden), der (die) Hirse, der Erdapfel (Kartoffel, Grundbirn), der Lein, der Hanf, die Rübe.

24. Der Pflug, die Egge, der Rechen, die Sichel, die Sense, die Hacke, die Schaufel, der Wagen.

25. Der Kopf, die Gliedmaßen, der Rumpf. Der Scheitel, die Stirne, die Augen, die Ohren, die Nase, die Wangen, der Mund, das Kinn.

26. Der Frosch, die Kröte, die Eidechse, die Schlange, der Molch, die Schildkröte, das Krokodil.

27. Die Forelle, der Karpfen, der Hecht, der Lachs, der Häring, die Sardelle.

28. Der Apfel, die Birne, die Zwetschke, die Pflaume, die Kirsche, die Weichsel, der Pfirsich,

die Aprikose (Marille), die Nuss, die Mandel, die Pomeranze, die Kastanie.

29. Die Weinbeere, die Johannisbeere, die Himbeere, die Heidelbeere, die Haselnuss, die Schlehe, die Hagebutte, die Erdbeere.

30. Der Berg, das Thal, die Wiese, der Acker, der Garten, der Wald, der Bach, der Fluss, der Teich, der See, die Straße.

31. Die Fliege, die Biene, der Schmetterling, der Maikäfer, die Raupe, die Spinne, die Ameise, der Krebs. — Die Schnecke, der Wurm.

32. Die Rose, die Nelke, die Lilie, das Veilchen, die Schlüsselblume (Himmelsschlüssel), die Glockenblume, das Vergissmeinnicht, die Kornblume.

33. Die Erde, die Sonne, der Mond, die Sterne.

34. Das Horn, der Flügel, die Klaue, die Kralle, der Huf, die Flosse, das Maul, der Schnabel, der Schweif.

35. Der Stamm, der Ast, der Zweig, das Blatt, die Blüte, die Frucht, der Same, die Wurzel, der Stängel, der Stiel, der Halm.

36. Der Regen, der Schnee, das Eis, der Hagel, der Blitz, der Donner, die Wolke, der

Nebel, der Thau (der Reif), der Regenbogen, der Tag, das Morgenroth, das Abendroth, die Nacht.

37. Die Kirche, der Hochaltar, der Seitenaltar, der Taufstein, der Beichtstuhl, die Kanzel, die Orgel, die Ampel, der Leuchter, das Altarblatt, das Kreuz.

38. Der Gottesdienst, der Priester, die Gemeinde, das heilige Opfer, die Predigt, der Gesang, die Musik, der Weihrauch.

39. Der Turm, die Uhr, der Knopf, das Kreuz, die Glocken (Gebet, Feuersgefahr, Wassernoth, Ankunft, Bischof, Kaiser, König).

40. Der Friedhof (Kirchhof, Gottesacker), das Kreuz, Grabhügel, Denkmäler (Auferstehung, Wiedersehen).

43.

Nѹтерале.

Die Uhr schlägt. Zählet! Eins, zwei, drei, vier, fünf, sechs, sieben, acht, neun, zehn, eilf, zwölf. Zählet bis zwanzig, dreißig, vierzig, fünfzig, sechzig, siebenzig, achtzig, neunzig, hundert.

Темъ. Скріецї нѹмъралеле (нѹмерії) кѹ літере de скріс, апої скріецї лѫнгъ dѫнселе, че ꙟсемнеазъ ромѫнеште, п. е. eins, ѹнѹл.

44.

Въпселе (колорії).

Das Blut ist roth. Das Veilchen ist blau. Die Kastanie ist braun. Das Gold ist gelb. Das Gras ist grün. Der Rabe ist schwarz. Die Maus ist grau. Der Schnee ist weiß.

Темъ. Скріецї zічеріле цертане, апоі къȣтацї din вокабȣлар, каре че ꙟнсеmneazъ ромжнеште. Астфеліŭ de теmъ ва фі ꙟndemъnатекъ ші пентрȣ ȣрmъторії пȣmерї (45—48).

45

ꙟпсȣшіреа (кȣалітатеа) обїектелор.

Die Kugel ist rund; der Tisch ist eckig. Der Stock ist gerade; das Horn ist krumm. Die Nadel ist spitzig; der Fingerhut ist stumpf. Die Butter ist weich; der Stein ist hart. Das Gold ist schwer; die Wolle ist leicht. Die Rinde ist rauh; das Glas ist glatt. Das Mühlrad wird nass; der Mühlstein bleibt trocken. Der Schnee ist kalt; die Hand ist warm.

46.

Die Fensterscheibe ist durchsichtig; das Holz ist undurchsichtig. Der Tag ist hell; die Nacht ist dunkel. Das Quellwasser ist klar; die Pfütze ist trüb. Das Gold ist glänzend; das Blei ist matt. Der Pfau ist schön; das Schwein ist garstig. Der Ochs ist groß; die Maus ist klein. Der Rechen ist lang; der Kamm ist kurz. Die Straße ist breit; der Fußweg ist schmal. Die Brücke ist breit; der Steg ist schmal. Der Fluss ist tief; der Bach ist seicht. Der Turm ist hoch; die Hütte ist niedrig. Die Eiche ist hoch; der Strauch ist niedrig.

47.

Die Stricke sind dick; die Fäden sind dünn. Die Schweinsborsten sind grob; die Hasenhaare sind fein. Die Weidenruthen sind biegsam; die Holunderzweige sind spröde. Das Leder ist biegsam; die Kreide ist spröde. Die Milch ist flüssig; der Käse ist fest. Der Grashalm ist saftig; der Strohhalm ist dürr. Der Greis ist alt; der Knabe ist jung. Das Glas ist rein oder unrein. Die Katze ist reinlich; das

Schwein ist unreinlich (schmutzig). Das Hirschleder ist stark; das Schafleder ist schwach. Der Hirsch ist schnell; der Ochs ist langsam. Die Gämse ist wild; die Ziege ist zahm. Der Marder ist grausam; das Schaf ist sanft. Der Hase ist furchtsam. Die Raupen sind schädlich.

48.

Ich lese, wir lernen. Wir hören, wir sehen, wir athmen, wir sprechen, wir denken. Wir thun etwas. Wir können sehr viel thun. Wir sollen aber nur Gutes thun. Der Lehrer lehrt. Die Schüler lernen. Der Bäcker backt. Die Köchin und der Koch kochen. Der Fischer fängt Fische. Der Jäger jagt. Der Hund bellt. Der Ochs brüllt. Der Hahn kräht. Die Henne gackert. Die Henne gluckt. Die Gans schnattert. Das Pferd wiehert, es läuft, es zieht den Wagen, es trägt den Reiter, es frisst Heu, es liegt, es schläft. Der Vogel fliegt. Der Fisch schwimmt. Der Wurm kriecht. Der Baum wächst. Die Blume blüht. Das Wasser fließt.

Вокабꙋлар.

A.

Aal, der, хел, фꙋсаріꙋл, ціпаріꙋл, mꙋріпъ. анціпъ.

Abendroth, das, ромеаца de сеаръ пе черіꙋ.

aber, ꙟнсъ.

abwarten, а аштепта.

Achse, die, ocia.

Achst, die, секꙋреа. топорꙋл.

acht, опт.

Acker, der, холdа, огорꙋл.

Adler, der, пажꙋра. вꙋлтꙋрꙋл, ачера.

Affe, der, mоїmа, mоmіца.

Agram, Zагравіа.

Ahle, die, сꙋла.

Ahorn, der, палтіnꙋл, арцарꙋл.

Ähre, die, спікꙋл.

alt, бътржn, векіꙋ.

Altarblatt, das, катапетесmа.

Altoviola, die, алъꙋтъ ꙟnалтъ.

Ameise, die, фꙋрnіка.

Amme, die, dоїка.

Ampel, die, кandiла, лаmпа чеа mаре nаiнтеа алтарꙋлꙋї.

Amsel, die, mіерла.

Amt, das, офічїꙋл, dірегъторїа.

anführen, повъцꙋі.

angenehm, плъкꙋт.

Anis, der, anасоnꙋл.

Ankunft, die, сосіреа.

Ente, die, рапа.

Apfel, der, mърꙋл.

Apfelbaum, der, mърꙋл (поm).

Aprikose, die, каїсіna.

Arzt, der, dофторꙋл.

Ast, der, крака, раmꙋр.

athmen, wir, noї рєсꙋфлъm.

Auferstehung, die, ꙟnвіереа.

aufnehmen, а прімі, а dесеmnа ꙋn лок.

Auge, das, окіул, Augen, die, окії.
ausgeben, a da, a келтуі.

B.

Bach, der, ріул, пъръул.
Backe, die, бука.
backe, ich, еў кок, пръжеск.
Bäcker, der, пътерул, врутарул.
backt, er, ел коаче, пръжеште.
Bank, die, Bänke, die, скаонул, банка, лавіца.
Bär, der, урсул.
Baßgeige, die, віолончелул, лъута чеа маре, боанка.
Bauer, der, църанул.
Bäuerin, die, църана.
Baum, der, Bäume, die, помул, копачіул.
Beamte, der, амплоіатул, dерегъторул.
Beere, die, боаба, борбоана.
Beet, das, стратул.
Beichtstuhl, der, скаунул de мъртурісіре.
Beil, das, секуреа.
beilegen, a adaуџе, a апеzа чева.
bellt, er, латръ,
bereit, гата.
Berg, der, мунтеле.
bestaubt, плін de праф.
Bett, das, Betten, die, патул.
Bettstatt, die, патул.
biegsam, ↑нковіос, въпжос.
Biene, die, албіна.
Bier, das, береа.
Birke, die, местеакънул.
Birnbaum, der, пърул.
Birne, die, пара.
bis, пънъ, bis morgen, пънъ мжне.
Bischof, der, епіскопул.
Blatt, das, фрунzа, фоаїа.
blau, вжнът, албасту.
Blei, das, плумбул.
bleibt, er, sie, es, ръмжне.
Bleistift, der, чеуса. плумбул.
Blitz, der, фулџерул.
blüht, er, sie, es, ↑нфлореште.
Blume, die, флоареа.
Blumenkohl, der, карфіолул.
Blut, das, сжнџеле.
Blüte, die, флоареа, ↑нфлорірea.
Bock, der, Böcke, die, вербечеле, цапул.
Boden, der, фундул, подул de касъ.
Bohne, die, фъсолеа.
Bohrer, der, сфредел ул.
böse, ръў.
braun, мург.
breit, лат.
Brot, das, пъпеа, піта.
Bruder, der, фрателе.
Brücke, die, подул, пунтеа.
brüllt, er, sie, es, ръгнеште.
Buch, das, картеа.
Buche, die, фагул.
Buchweizen, der, хрішка, харішка.

Bürger, der, четъцанꙋл.
Butter, die, ꙋнтꙋл.

C.

Capital, das, къпіталꙋл.
Casse, die, каса, лada de банї.
Ceder, die, кеdрꙋл.
Cholera, die, холера.
Chor, das, хорꙋл.
Chorknabe, der, кꙟнтърецꙋл.
Christ, der, крештінꙋл.
Cocosnuß, die, нꙋкъ de кокос.
Cypresse, die, кіпаросꙋл.

D.

dabei, пе лꙟнгъ ачееа.
Dach, das, коперішꙋл.
Dachs, der, веzꙋре, бꙋрсꙋк.
Damm, der, dълма, ставіла.
darthun, а аръта. а ꙟнфъцоша, а въdi.
daselbst, аічеа.
dazu, ла ачееа.
Decke, die, акоперемꙟнтꙋл, плапона.
denken, wir, кꙋцетъм.
Denkmal, das, монꙋмꙟнтꙋл.
dicht, dec, компакт.
dick, грос.
dienstfertig, гата спре шербіре, сервіціꙋ̆.
Dohle, die, чіóка.
Donner, der, тꙋнетꙋл, dꙋрdꙋітꙋл.
donnert, es, тꙋнъ, dꙋрdꙋе.
Dorf, das, сатꙋл.
drei, треї.
dreißig, треїzечї.
dunkel, ꙟнтꙋнерек.
dunkelt, es, се ꙟнтꙋнекъ.
dünn, сꙋпціре, рар.
durchsichtig, превъz, пелꙋчid, стръвъzъчїосꙋ.
dürr, ꙋскат.
Durst, der, сетеа.

E.

Ecke, die, ꙋнгїꙋл, колцꙋл.
eckig, ꙋнгїос, колцос.
Egge, die, грапа.
Eiche, die, стежарїꙋл.
Eichorn, das, веверіца.
Eidechse, die, шопърла.
eilf, ꙋнспреzече.
Eingabe, die, пꙟнсóреа, черереа.
eins, ꙋнꙋ̆.
Eis, das, гіаца.
Eisen, das, ферꙋл.
Elefant, der, елефантꙋл.
Elend, das, тікълошіа.
Empfindung, die, сімціреа.
empor, сꙋс, рidікат.
Enkel, der, непотꙋл.
Enkelin, die, непоата.
entlaufen, а скъпа (кꙋ фꙋга).
er, ел.
Erbse, die, маzъреа.
Erdapfel, der, Erdäpfel, die, пічоіка, картофꙋл, барабоїꙋл.

Erdbeere, die, фрага, кън-шуна.
Erde, die, пъмжнтул.
Erlau, Агріа.
Erle, die, арінул.
ermahnen, а мустра, а admoni, dожені.
erzählen, а повесті, історісі.
es, съ, есте.
Esel, der, асінул, магарівл.
etwas, чева.
euer, ал востру.
Eule, die, бухніца, буха.

F.

Faden, der, Fäden, die, фірул, фіреле.
Fahne, die, стеагул, фламура.
Fähnrich, der, стегарівл.
fängt, er, нрinde.
Färber, der, въпсіторіул.
Fasan, der, фасанул.
Fass, das, васул, бутеа.
Fassbinder, der, бутарів, бутнарул, dогарул.
faul, ленеш.
Fäule, die, путрежунеа.
Feder, die, піана, kondeiул.
fein, фін.
Feld, das, кжмнул.
Fenster, das, фереастръ.
Fensterscheibe, die, окіул de фереастръ.
fest, вжртос, цапън.
Feuer, das, фокул.
Feuersgefahr, die, прімежdіа фокулуі.
Fichte, die, моліdул.
Figur, die, фігура.
Fingerhut, der, deцетарул.
Fink, der, чінтеzа, фрінціла.
Fisch, der, Fische, die, пештеле, пештіі.
Fischer, der, пескарул.
Fischthran, der, унсоаре de пеште.
fix, гата, гътіт de дукъ. фікс.
Fixstern, der, стеа фіксатъ. немішкътоаре. фіптъ.
Flachs, der, інул.
Flasche, die, стіклъ. карафа.
Flechte, die, печінціпеа.
Fledermaus, die, ліліакул.
Fleisch, das, карнеа.
Fleischer, der, мъчеларул.
Fleiss, der, стръdania, diліцінца.
fleissig, стръдуіторів, diліцінте.
Fliege, die, муска.
fliegt, zвоаръ.
fliesst, курџе.
Flosse, die, арініора de пеште.
Flügel, der, аріпа.
Fluss, der, рівл.
flüssig, кургътору.
Föhre, die, брадул, молівтул.
Forelle, die, пъстръвул.
Forst, der, пъdуреа, dумбрава.
Frau, die, doamna, фъмеа.
Freude, die, букуріа.

Freund, der, претiнул. amiкул.
Friedhof, der, мормiнтеле, цiнтiрiмул.
frisch, проаспът, ръкорiторў.
frißt, мжнжнкъ, poade, се ѧndoaпъ.
Frosch, der, Frösche, die, броаска, броасче.
Frucht, die, гржул, фруктул, поама, букътеле.
früh, dimineaца.
Frühling, der, прiмъвара.
Fuchs, der, вулпеа.
führe! повъцуеште, kondу!
Fuhrmann, der, кърълушул.
fünf, чiнчĭ.
Fünfkirchen, чiнчĭ бiсерiчĭ, Печiў.
fünfzig, чiнчĭzечĭ.
Funke, der, скiнтеоа.
furchtsam, фрiкос.
Fußweg, der, кърареа.

G.

Gabel, die, фурка, фуркуца, фуркулiца.
gackert, къркъеште.
Gämse, die, капра неагръ.
Gang, der, мерсул, dусул.
Gans, die, Gänse, die, гжска, гжсчеле.
garstig, уржт.
Garten, der, гръdina.
Gebet, das, ругъчiунеа.
Geier, der, улiў.
gelb, галбън.
Geld, das, бан, банiĭ.
Gemeinde, die, комуна, обштеа.
Gemüse, das, верdецурĭ, легумĭ.
Gerste, die, орzул.
Gesang, der, кжнтареа, кжнтекул.
Gesicht, das, фаца, възул.
Gesimse, das, бржул de суса ла торў.
gesund, сънътос.
Getraide, das, букателе.
Gips, der, гiпс, iпсў.
glänzend, стълучiтор, лучiтор.
Glas, das, стiкла, глацеа, пахарул.
Gläser, die, пахаръле.
Glasur, die, смалцул, гласура.
glatt, nedeтў.
Gliedmaßen, die, мжнеле шi пiчiореле, естреметъцiле.
Glocke, die, клопотул.
Glockenblume, die, клопоцеĭ.
gluckt, колкъiе.
Gold, das, аурул.
Gottesdienst, der, служба dумnezeaскъ, лiтургiа.
Grabhügel, der, мормжнтул.
Gran, Стрiгонул.
Granat, der, гранатул.
Gras, das, iарба.
Grashalm, der, фiрул de iарбъ.

Gräte, die, осꙋл mік п. е. de пеште.

grau, сꙋр.

gräulich, кam сꙋр, сꙋріꙋ̆.

grausam, крꙋd, тіран.

Greis, der, бътржнꙋл къ- рꙋпт, mошнеагꙋл.

Griffel, der, стіл de ардеzъ.

grob, гровіан, прост.

groß, mape.

Großmutter, die, mꙋma вꙋна, вꙋніка mоаша.

Großvater, der, mошꙋ.

Großwardein, Орadia mape.

grün, верde.

Gurke, die, пепіпеле, краставетеле.

gut, вꙋн, віне.

gütig, вꙋн, віневоїтор.

H.

Haar, das, пърꙋл.

Hacke, die, сапа.

Hafer, der, овъсꙋл.

Hagebutte, die, росъ кънеаскъ, кꙋкъdꙋшꙋ, рꙋгꙋл.

Hagel, der, гріndіна, піатра.

Hahn, der, Hähne, die, кокошꙋл, кокошї.

Halm, der, паїꙋл, фір de іарбъ.

Hals, der, гътꙋл, грꙋmazꙋл.

Halsbinde, die, кравата.

Halstuch, das, пъфрата de грꙋmaz, кърпа de гътꙋ̆.

Hammer, der, чіоканꙋл.

Hand, die, mжна.

Handschuh, der, mжнꙋша.

Handwerksmann, der, meсеріерꙋл, mештерꙋл.

Hanf, der, кънепа.

Häring, der, арінгꙋ̆.

hart, тape, вжртос.

Hase, der, іепꙋреле.

Haselnuss, die, алꙋна.

Hasenhaare, die, пър de іепꙋрї.

Häubchen, das, къіца mікъ.

Haube, die, къіца, къпіца.

Haus, das, каса.

Häuschen, das, касꙋца.

Haut, die, Häute, die, пелеа, пеіле.

Hecht, der, штіꙋка.

Heidelbeere, die, афіна.

heilig, свжнт, сжнтꙋ̆.

heiß, фервінте.

heißt, er, sie, es, се кіамъ, ꙟл, о кіамъ.

hell, лꙋmінос, веdерос.

Hemd, das, къmаша.

Henne, die, гъіна.

her- und hinfahren, ꙟнкоачї, ші ꙟнколо, а mерџе.

Hermannstadt, Сівіїꙋл.

Herr, der, domнꙋл, стъпжнꙋл.

herunter, herüber, жос. ꙟнкоаче.

Heu, das, фжнꙋл.

heute, астъzї.

Himbeere, die, ѕмеꙋра.

Himmel, der, черіꙋл.

hinunter, жос.

Hirsch, der, червꙋл.
Hirschleder, das, пелеа de черв.
Hirse, die (der), meiꙋл, мълai, мърꙋнт.
Hirt, der, пъсторꙋл.
Hobel, der, цiлъꙋл.
hoch, ꙟналт, налт.
Hochaltar, der, алтарiꙋл маре.
Hof, der, кꙋртеа.
Holunderzweige, die, рамꙋрї de сок.
Holz, das, лемнꙋл.
hören, wir, noї aꙋzim.
Horn, das, корнꙋл.
Hosen, die, панталонiї, чioaречiї.
Huf, der, копiта.
Huhn, das, пꙋiкꙋца, кокошелꙋлꙋ.
Hühnchen, das, пꙋїꙋл de гъinъ.
Hund, der, кжнеле.
hundert, o сꙋтъ.
Hut, der, Hüte, die, пълъpia, пълърiї.
Hütte, die, колiба, бордeїꙋл.

J.

ich, еꙋ.
Igel, der, apiчiꙋл.
ihm, лꙋї.
ihn, пе ел.
ihr, воï.
Iltis, der, dixорꙋл.
ist, есте, die Kugel ist rund, глобꙋл есте ръТꙋnd.
Jagd, die, вжнътоаре.
Jäger, der, вжнъторꙋл.
Johannisbeere, die, ребiza. стрꙋгꙋрел, коакъzъ.
Jude, der, жidовꙋл, еврeꙋл.
jung, тiнър.
Jungfrau, eine, фечiоръ жꙋнъ, вергꙋръ.
Jüngling, ein, фечiор, жꙋне.

K.

Kaffee, der, кафеаоа.
Käfich, der, колiвiа.
kahl, плеш, кел.
Kaiser, der, ꙟмпъратꙋл.
kalt, фрiг, рече.
Kalb, das, вiцелꙋл.
Kamm, der, пептенꙋл.
Kammer, die, къмара.
Kanne, die, кана.
Kappe, die, шапка, къчiꙋла.
karg, скꙋмп, пърчiт.
Karpfen, der, крапꙋл.
Kaschau, Кашовiа.
Käse (Käs), der, бржnza, кашꙋл.
Kastanie, die, къстана.
Kastanienbaum, der, къстанꙋл.
Kasten, der, къстꙋнꙋл, скрiнꙋл, dꙋлапꙋл.
Kater, der, мотанꙋл. мъртанꙋл, котоiꙋл.
Katze, die, мжца, пiсiка.
Kaufmann, der, негꙋцiторꙋл.

Kelch, der, потірѹл, пъхарѹл.

Keller, der, півніца, челарѹл.

Kern, der, сімбѹреле.

Kind, das, копілѹл.

Kinn, das, барва, фалка.

Kirche, die, бісеріка.

Kirschbaum, der, черешѹл.

Kirsche, die, чіреаша.

Klapper, die, скърцеітоареа.

klappern, а скърцъі, клъцані.

klar, кіар, лімпеde.

Klaue, die, ѹнгіа ла віте.

Klausenburg, Клѹжѹл.

Klee, der, тріфоіѹл.

Kleid, das, Kleider, die, хаіна. вестмѫнтѹл.

klein, mік.

Knabe, ein, копілѹл.

Knecht, der, слѹга, шербѹлѹ.

Knopf, der, бѹтбѹл, настѹрѹл.

Koch, der, Köche, die, бѹкътаріѹл.

kochen, sie, еі фербѹ.

Köchin, die, бѹкътъреаса.

Kohl, der, кілѹл, варzа.

Kohlrübe, die, гѹліа, кълъраба.

kommen, wir, ноі веnim.

Komorn, Комаротѹл.

König, der, реџеле.

(wir) können sehr viel thun, ноі пѹтем фаче фоарте мѹлт.

Kopf, der, капѹл.

Kornblume, die, negina, вінеціа.

Krähe, die, чіоаръ.

kräht, er, кърѣіе.

Krakau, Краковіа.

Kralle, die, гіара, ѹnгіа.

Krankheit, die, боала.

Kranz, der, кѹnѹna.

kratzen, sie, еі zгъріе, скарпінъ.

Kraut, das, іарба, бѹрѹіаna, кѹрекіѹл.

Krebs, der, ракѹл.

Kreide, die, крета.

Kremnitz, Кремніцѹл.

Kreuz, das, крѹчеа.

Kreuzer, der, креіцарѹл, крѹчерѹл.

kriecht, съ търъште, търъіе.

Krieger, der, осташѹл, солdатѹл.

Krokodil, das, крокоdілѹл.

Krone, die, короаna.

Kronstadt, Брашовѹл.

Kröte, die, броаска ръіоса.

Krug, der, Krüge, die, ѹлчіорѹл.

krumm, скіоп.

Küche, die, кѹіna.

Kuchen, der, плъчіnта, тѹрта.

Kugel, die, глонцѹл, глобѹл.

Kuh, die, Kühe, die, вака, вачіле.

Kürschner, der, кожокаріѹл.

kurz, скѹрт.

L.

Lachs, der, салтѹл, mіхалцѹл.

Lamm, das, mieлул.
lang, лунг.
langsam, ꙟчет, кътinел.
Lärche, die, молiфт, брadул.
laufe, ich, еȣ кур, алерг.
läuft, er, sie, es, куръ, алеаргъ.
läuten, а траце клопотеле.
Leder, das, пелеа.
Lehm, der, лутул.
Lehrer, der, ꙟвъцъторул.
lehrt, er, ел ꙟвацъ.
leicht, ушор.
Lein, der, iнул.
Lerche, die, чокърлiа.
lernen, wir, ноĭ ꙟвъцъм.
lernen, sie, ꙟвацъ.
lese! чiтепiте! lese, ich, еȣ чiтеск.
Leser, der, чiтiторiул.
Leuchter, der, свешнiкул, луminapiул.
Leute, die, oamenii.
Leutschau, Леучiовiа.
Licht, das, луmina.
liegt, er, sie, es, zаче.
lieh, er, sie, es, аȣ ꙟпрумутат.
Lilie, die, лiлiа, крiнул.
Linde, die, теĭул.
Linse, die, лintea.
Lippen, die, бuzеле.
lisple nicht! нu шiшъĭ!
Loch, das, гаура.
löcherig, гъурос, ку гъурĭ.
Löffel, der, лiнгура.
Lohn, der, сiмбрiа.
Löhnung, die, сiмбрiа.
Löwe, der, леул,
Luchs, der, ржсул.

M.

macht, ihr, фачецĭ воĭ.
Mädchen, das, фата.
Maikäfer, der, гънdачĭ de прiмъваръ.
Mais, der, кукурuzул, порумбул, пъпушоĭул.
malen, а zугръвi, а въпсi.
Mandel, die, mirdала.
Mann, der, бърбатул.
Mantel, der, mantaoa, къпенеагул.
Marder, der, шdepул.
Marktflecken, der, тжргул, оръшелул.
matt, лжнцеd, остенiт.
Maul, das, гура ла dобiтоаче.
Maurer, der, zidapул, мурарiул.
Maus, die, Mäuse, die, шоречеле.
Medicin, die, medicina.
Meer, das, mapea.
Meise, die, пiцiгоĭул.
Messer, das, куцiтул.
Milch, die, лаптеле.
Minute, die, minутул.
Möhre, die, морковул.
Molch, der, сълъмъсdра, сълъмъndра.
Mond, der, луna.
Moor, das, лок, апътос, турфъ, моластinъ.
Moos, das, мускiул.

Morgenroth, das, ziopiле.
Most, der, mустул.
Mühlrad, das, poата de moaрь.
Mühlstein, der, піатра de moaрь.
Müller, der, mорарул.
Mund, der, гура.
Musik, die, mусіка.
Mutter, die, mума, mама, maїка.
Mütterchen, das, mъікуліца, mъmуліца, mъікуца.

N.

Nacht, die, noаптеа.
Nadel, die, акул.
Name, der, нумеле.
Nase, die, насул.
naſs, уd.
Natur, die, натура, фіреа.
Nebel, der, негура, чіаца.
Nelke, die, гароафа.
neu, ноў.
neue, ноуъ.
Neuhäusel, Ершекуівар, Касанова.
neunzig, noezeчї.
Neusatz, Nобісаd.

O.

Obst, das, noаmе, фрупте.
Ochs, der, боул.
Ödenburg, Шопронул.
Ofen, der, куиторїул, сова.
Ofen, Буda.
Ohr, das, Ohren, die, урекіа. урекіле.
Öl, das, унтул de лемн, олеїул.
Opfer, das, жертва, прінокул.
Orgel, die, органеле.
Ort, der, локул.

P.

Papier, das, артіа.
Pappel, die, плопул.
Pfarre, die, пароxіа.
Pfau, der, пъуиул.
pfefferst, du, піпереzї.
Pferd, das, калул.
Pfirsich, der, персекул.
Pflaume, die, пруна, кулдукуша.
Pflaumenbaum, der, прунул.
Pflug, der, Pflüge, die, плугул, плугуріле.
Pfütze, die, балта, апъ стътутъ.
Planet, der, планетул.

Qu.

Quaderstein, der, пеатрѣ, пѣтратѣ.
quaken, кѣкѣї.
Qualm, der, фѹт грос, абoрї ⱡпнѣdѹшіторї.
Quaste, eine, чїѹкѹр.
Quelle, die, izворѹл, фѫнтѣна.
Quellwasser, das, апѣ de izвор.
Querstrich, ein, лinie трѣсѹрѣ кѹрmezішѣ, diaгoналѣ.

R.

Raab, Іаѹрінѹлѹ̆.
Rabe, der, корбѹл.
Raps, der, рінсѹл.
Rauch, der, фѹтѹл.
Rauchfang, der, ѹрлоїѹл, каminѹл, кошѹл, хорнѹл.
rauh, аспрѹ̆.
Raupe, die, omida.
Rebe, die, віца de віе.
Recept, das, рецептѹл.
Rechen, der, гребла.
Rector, der, ректорѹл.
rede du! ворбеште тѹ!
Regen, der, плоаїа.
Regenbogen, der, кѹркѹбеѹл.
Reh, das, кѣпріоара.
rein, кѹрат.
reinlich, кѹрат.
Reiter, der, кѣлѣрецѹл.
Rettich, der, рѣdікеа.
Richter, der, жѹdеле.
Richtscheit, das, лinea.
Rinde, die, коажа, скоарца.
Rock, der, Röcke, die, рокѹл. тѹnіка, кѣпѹтѹл.
roh, крѹd, неферт.
Rose, die, трandафірѹл, роza.
Roß, das, Rosse, die, калѹл, каїї.
roth, рошѹ̆.
Röthe, die, роmаца.
Rübe, die, напѹл.
Rumpf, der, трѹnкіѹл.
rund, ротѹnd.

S.

Saat, die, сеmѣнѣтѹра.
Sack, der, сакѹл.
Sachse, ein, ѹn Сас.
saftig, сѹкос, zѣmос.
Säge, die, ферезѹл, ферестрѣѹл.
Same, der, сеmѫнца.
Sand, der, нѣсінѹл.
sanft, ⱡнчет, лin.
Salz, das, сареа.
Sardelle, die, сарdела.
Sattler, der, шеларѹл.
sauer, акрѹ.
Säure, die, акреала, акріmеа.
schädlich, стрікѣтор.
Schaf, das, оіа.
Schafleder, das, пелеа de оае.
Schale, die, філіџіанѹл.

Schämel, der, скъунелулу de пічіоаре.
Schaufel, die, лопата.
Scheitel, der, крештетул.
Schemnitz, Шемніцул.
Schere, die, форфечіле.
Scheune, die, шопрул, шура.
Schiffmann, der, луntранул, корабіеріулу.
Schildkröte, die, броаскъ, цестоасъ.
Schimmel, der, кал альв, мучеzала.
schläft, er, sie, es, doapme.
schlägt, er, sie, es, вате.
Schlange, die, шерпеле.
Schlehe, die, порумбела.
Schloss, das, ↑нкуетоуреа, вроаска.
Schlosser, der, лъкътарул.
Schlüsselblume, die, кокошеі,
schmackhaft, кугуст, плъкут.
schmal, ↑нгуст.
schmeckt, плаче.
Schmetterling, der, флутуреле.
Schmied, der, фаурул.
schmutzig, тжнціт.
Schnabel, der, чіокул, клонцул.
schnattern, гънгъеште.
Schnecke, die, мелчіул.
Schnee, der, неа, омътў, zънada.
Schneider, der, кроіторул.
schnell, грабнік, їуте.
Schnittlauch, der, чіапъ мъруntъ, пур, ханита.
schön, фрумос.
Schornstein, der, урлоіул, къміnул, хорнул, коnнул.
Schrank, der, Schränke, die, арmаріулў, скріnулў.
Schranken, der, Schranken, die, варіера, варіереле.
schreiben, a скріе.
Schuh, der, паnтофул.
Schüler, der, сколарул.
Schürze, die, кътріnца, шурцул.
Schüssel, die, стракіnа, блідул.
Schuster, der, чісмарул, чіоботарул, паnтофарул.
schwach, слаб.
Schwalbe, die, ржndунела, ржndуріка.
Schwamm, der, буретеле, чіуперка.
schwarz, негру.
Schweif, der, коаda.
Schwein, das, поркул.
Schweinsborsten, die, перул de порк.
Schwelle, die, прагул.
schwer, греў.
Schwester, die, сора.
schwimmt, er, sie, es, ↑ноатъ.
sechs, шесе.
sechzig, шесеzечї.
Secretär, der, секретарул.
See, der, лакул.
sehen, wir, веdem.
sehr, фоарте.
sei du! фії ту!

ſei nicht! съ ny фiĭ.
ſeicht, neadжnк.
Seide, die, мътаса.
ſeiden, de мътасъ.
Seitenaltar, der, алтарyл din парт.
Semlin, Zemлinyл.
Senſe, die, коаса.
Seſſel, der, скаyнyл.
Sichel, die, сечереа.
ſie, ea.
ſieben, шепте.
ſiebenzig, шептеzечĭ.
Silber, das, арџiнтyл.
ſie ſind, eĭ сжнт.
Sohn, der, Söhne, die, фiĭyл, фiĭ.
Soldat, der, солdатyл, къtana.
ſollen, wir, noĭ съ.
Sonne, die, соареле.
Specht, der, nіка, кьцъръtoapea tіonoĭa, чіокънitoapea.
Sperling, der, врабіа.
Spiegel, der, orлinda.
Spiel, das, жокyл.
Spinne, die, пъiажenyл.
Spitze, die, вжрфyл.
ſpitzig, аскyціt.
ſprang, er, ſie, es, a съріt.
ſprangſt, du, тy aĭ съріt.
ſprechen, wir, noĭ ворbim.
ſprich du! ворbeште тy!
ſpring! сърі, саĭ!
ſpröde, сфъръmос, префъкyт.
Stadt, die, четатеа.
Stamm, der, трyнкiyл.
Stängel, der, кочiаnyл.
ſtark, таре.
Steg, der, пyntea.
Stein, der, піатра.
Steinamanger, Съмбъта.
Steinmetz, der, петрарyл.
Stern, der, стеоа.
Stiefel, der, чiсma, чiобота.
Stiege, die, треапта.
Stiel, der, топоржштеа, стiлyл.
ſtill, тъкyт.
Stirne, die, фрyntea.
Stock, der, бъцyл, бастоnyл.
Straße, die, dрyмyл.
Strauch, der, Sträuche, die, тyфарyл, тyфъ.
Strick, der, Stricke, die, штреангyл.
Strohhalm, der, паĭyл.
Strumpf, der, Strümpfe, die, чіорапyл, кълцyнyлў, чіочyлў, мотофелеа.
Stube, die, odaia, кiлia.
Stuhl, der, Stühle, die, скаyнyл, скаyнеле.
Stuhlweißenburg, Албареџiа.
ſtumm, мyт.
ſtumpf, тъmпiт.
Suppe, die, сyпа, zama, чiорба.
ſüß, dyлче.

T.

Tafel, die, табла.
Tag, der, ziоа.
Taglöhner, der, ziоаріѵл.
Tanne, die, брадѵл.
Taube, die, колѵмбѵл, порѵмбѵл.
Taufstein, der, баптістеріѵл.
Teich, der, лакѵл, балта.
Teller, der, търѵл.
Thal, das, валеа.
Thau, der, роа.
Thee, der, теїѵл, чеаїѵл.
Thier, das, віетатеа, animалѵл.
Thonerde, die, арџілъ, лѵт.
Thor, das, поарта.
Thron (Tron), der, тронѵл.
thun, wir, ноі фачем.
thun, а фаче.
Thür, die, ѵша.
Thurm (Turm), der, тѵрнѵл.
Thurmknopf, der, бешіка dела тѵрн.
tief, афѵnd, adжнк.
Tieger, der, тігрѵл.
Tinte, die, негреала. тінта.
Tirnau, Тірнавіа, Сжмбъта маре.
Tirol, Тіролѵл.
Tisch, der, маса.
Tischler, der, тъсарѵл.
Tochter, die, фіа, фіка, фата.
Topf, der, Töpfe, die, оала.
Töpfer, der, оларѵл.
Totis, Тата.
trägt, er, sie, es, поартъ.
Treppe, die, треапта.
trocken, а ѵсѵка.
trüb, тѵрбѵре.
Truthahn, der, кѵрканѵл.

U.

(die) Uhr schlägt, орологїѵлѵ, чіасорнікѵл бате.
umkehren, а ↑нтоарче.
umschreiben, а транскріе.
undurchsichtig, ↑нтѵнекос. нестръвъz.
ungehorsam, неаскѵлтътор.
unrein, некѵрат.
unreinlich, мънжіт.
unweit, апроапе.

V.

Vampir, ein, вампір, стрігоїѵ, тріколічїѵ.
Vase, eine, вас (de флорї).
Vater, der, тата, парінтеле.
Veilchen, das, віола, віоріkъ.
Venedig, Венеціа.
Vergißmeinnicht, das, нѵмъ ѵіта, окїѵл шерпелѵї.
verloren, пердѵт.
Vers, ein, верс.
verwirren, а ↑нкѵрка.
Vieh, das, віта, dобітокѵл.
viel, мѵлт.
vier, патрѵ.
vierfüßig, кѵ патрѵ nічіоре.
vierzig, патрѵzечї.
Violine, die, алъѵта, четера.

Violon, das, віолонул, вoанка, гурdуна.
Vitriol, der, вітріолул.
Vogel, der, пасъреа.
Volk, das, попорул.
voll, плін.
voran, наінте.
vorbeten, a се прерuга.
vorüber, dinaінте, трекут.

W.

Waaren (Waren), die, марфа.
Wachs, das, чеара.
wachsam, вігіетор, ку прівегіаре.
wachse, ich, еу креск.
wächst, er, ел кресче.
Wage, die, кумпъна, кънтарул.
wäge! кумпънесче! кънтаресче!
Wagen, der, карул.
Wagner, der, ротарул.
Waizen, Вацул.
Wald, der, пъdуреа.
Wand, die, пъретеле.
Wange, die, вука фецеї.
warm, калd.
was? че?
Wasser, das, апа.
Wassernoth, die, ліпса de апъ.
Weber, der, пжнzарїул.
wechseln, a скімба.
Weib, ein, муереа.
weich, моале.
Weichsel, die, вішіна.
Weide, die, салчіа, салка.
Weidenruthe, die, нуіа варгъ de салчіе.
Weihrauch, der, тъмъіа.
Wein, der, вінул.
Weinbeere, die, стругурул.
weiß, алв.
weit, dепарте.
Weizen, der, гржул.
wer? чіне?
Weste, die, жілетка, пептарул.
wie? кум? ꙟн че фелїу
wie viel? кжт?
Wiedersehen, das, реведереа.
wiehern, рънкеzа.
wieherst, du, ту рънкеzї.
wiehert, er, ел рънкеzъ.
Wien, Віена.
Wiese, die, лівadа, кжмпул, лунка.
Wieselburg, Мошонул.
wild, сълбатек.
wimmelt, фурнікъ, цеме.
wird naß, се уdъ.
Witwer, der, въdувул.
Wolf, der, Wölfe, die, лупул, лупїї.
Wolke, die, норул.
Wolle, die, лъна.
wuchern, a кълтърї пе ертат.
Wurm, der, вермеле.
Wurzel, die, ръdъчіна.

Z.

zählet ihr! нъмъръцї воï!
zahm, блжndŭ.
Zahn, der, dinтеле.
Zange, die, клештеле.
zart, deлікът.
zehn, zече.
Ziege, die, капра.
zieht, er, sie, es, траце.
Zimmer, das, odaia, кілia.
Zimmermann, der, въртdaшъл, лемнарïъл.
Zukunft, die, віïторъл, віïторimea.
zunehmen, акресче, а спорi.
zwanzig, doezeчï.
zwei, doï, doe.
Zweig, der, рамъл.
Zwetschke, die, пръна.
Zwiebel, die, чеапа.
zwölf, doеспреzече.